Dirección de colección
Canela
(Gigliola Zecchin)

Diseño de colección:
Helena Homs

Diseño gráfico:
Ariana Jenik

Investigación y selección literaria: Marta Prada

Fotografías: Fernando Álvarez

Marcuse, Aída E.
  La leyenda del ceibo / Aída E. Marcuse y Marta Prada ; ilustrado por Oscar Rojas y Luciana Fernández - 1a ed. - Buenos Aires : Sudamericana, 2006.
  32 p. : il. ; 25x19 cm (Cuentamérica Naturaleza)

  ISBN 950-07-2785-4

  1. Narrativa Infantil y Juvenil Argentina. I. Prada, Marta II. Saúl Oscar Rojas, ilustr. III. Título
  CDD A863.928 2

Impreso en la Argentina.
Queda hecho el depósito que previene la ley 11.723.
© 2006, Editorial Sudamericana S.A.®
Humberto I° 531, Buenos Aires, Argentina.

www.sudamericanalibros.com.ar

ISBN 10: 950-07-2785-4.
ISBN 13: 978-950-07-2785-3.

Todos los derechos reservados. Esta publicación no puede ser reproducida, ni en todo ni en parte, ni registrada en, o transmitida por, un sistema de recuperación de información, en ninguna forma ni por ningún medio, sea mecánico, fotoquímico, electrónico, magnético, electroóptico, por fotocopia o cualquier otro, sin permiso previo por escrito de la editorial.

La Leyenda Del Ceibo

LEYENDA: AÍDA E. MARCUSE
TEXTO INFORMATIVO: MARTA PRADA

ILUSTRACIONES: SAÚL OSCAR ROJAS
ILUSTRACIONES EN PLASTILINA: LUCIANA FERNÁNDEZ

La Leyenda Del Ceibo

Estaban allí, los hombres blancos venidos del mar. Los indios, inmóviles entre los matorrales, olían su extraño olor y los miraban con ojos desorbitados de curiosidad y de miedo.

¡Qué distintos eran! Brillaban al sol sus cascos y el viento les agitaba las barbas.

LOS HOMBRES RELUCIENTES, EN POCAS LUNAS, SE ADUEÑARON DE LAS TIERRAS, LOS ANIMALES DE CAZA Y LOS PECES DE LOS RÍOS. CONSTRUYERON CHOZAS Y CERCARON SU POBLADO CON TRONCOS DE ÁRBOLES.

LOS CHARRÚAS DESMONTARON SUS TOLDERÍAS Y, CARGANDO ESTACAS Y ESTERAS, SE ESCONDIERON EN EL MONTE. PERO LOS BLANCOS TAMBIÉN LLEGARON ALLÍ. LOS INDIOS IMPLORARON A SUS DIOSES QUE LES CONCEDIERAN LA VICTORIA, TENSARON SUS ARCOS, LANZARON LAS BOLEADORAS, Y CON UN SOLO, ENORME GRITO, CAYERON SOBRE LOS EXTRAÑOS.

LOS HOMBRES BLANCOS LES DIERON BATALLA CON ARMAS DE FUEGO Y MUERTE.

ENTRE LOS MUCHOS INDIOS QUE MURIERON ESTABA ABAYUBÁ, EL GUERRERO MÁS VALIENTE DE LA TRIBU.

LOS QUE SOBREVIVIERON FUERON HECHOS PRISIONEROS.

CAICOBÉ, ENAMORADA DE ABAYUBÁ, ERA UNA MUCHACHA QUE CANTABA LOS CANTOS DE SU TRIBU CON UNA VOZ TAN DULCE QUE LOS PÁJAROS CALLABAN PARA ESCUCHARLA. PERO PRISIONERA, EN VEZ DE CANTAR, PASABA LOS DÍAS Y LAS NOCHES LLORANDO SU LIBERTAD PERDIDA.

UNA NOCHE DE LUNA LLENA, CAICOBÉ NOTÓ QUE EL CENTINELA QUE GUARDABA SU CELDA PARECÍA MUY CANSADO. LA INDIA SONRIÓ PARA SUS ADENTROS Y SUSURRÓ UNA CANCIÓN DE CUNA, TAN TIERNA Y SUAVE COMO EL ARRULLO DE LA BRISA. EL CENTINELA CERRÓ LOS OJOS Y SE DURMIÓ... EN CUANTO CAICOBÉ OYÓ SUS SONOROS RONQUIDOS, ESCAPÓ SIGILOSA DE SU CELDA. ¡NI CHISTÓ LA LECHUZA AL ACECHO EN EL ÁRBOL!

PERO UNA RAMA CRUJIÓ... EL HOMBRE ABRIÓ LOS OJOS SOBRESALTADO Y VIO LAS FACCIONES DURAS DE CAICOBÉ, QUE LO MIRABA MUY QUIETA... CUANDO ÉL APUNTÓ CON EL ARCABUZ, ELLA, CON BRAZO LIGERO, CORTÓ UNA RAMA AFILADA. Y CUANDO EL HOMBRE IBA A DISPARARLE, ELLA SE LA ENTERRÓ EN EL PECHO.

UN GRITO DE DOLOR HIZO ACUDIR A LOS SOLDADOS. UNOS SOCORRIERON A SU COMPAÑERO, Y LOS DEMÁS APRESARON A LA MUCHACHA. EL CASTIGO QUE LA ESPERABA ERA MORIR EN LA HOGUERA.

EN SILENCIO CONTEMPLÓ EL PUMA CÓMO LA LLEVARON AL CENTRO DEL POBLADO. EN SILENCIO MIRÓ EL VENADO CÓMO LA ATARON A UN POSTE. EN SILENCIO OBSERVÓ EL CHAJÁ CÓMO ACERCARON AL POSTE RAMAS ENCENDIDAS.

ENTONCES ELLA COMENZÓ A CANTAR LAS CANCIONES DE SUS ANTEPASADOS, LA DE LA PUESTA DEL SOL, LA DEL VIENTO EN INVIERNO.

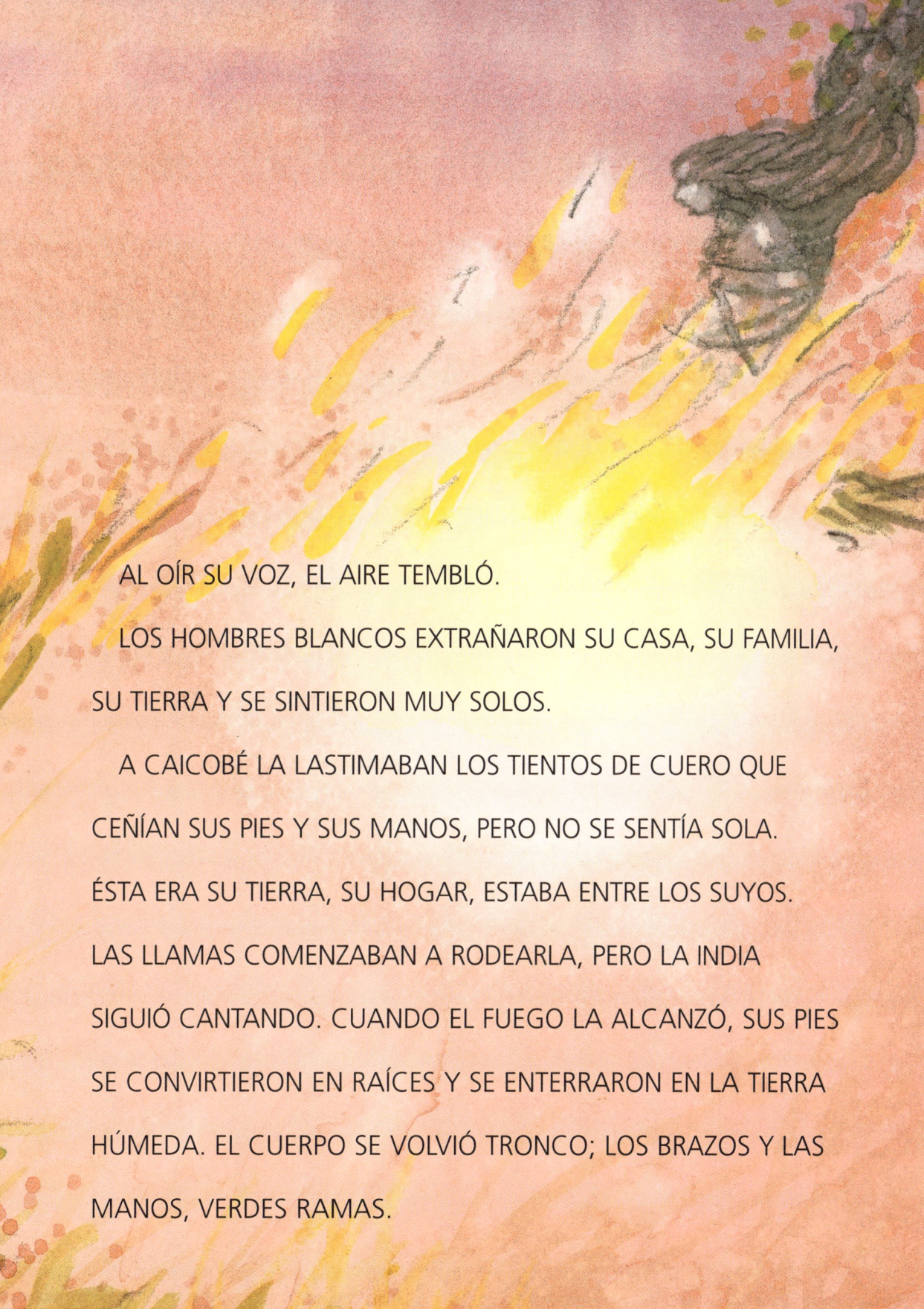

AL OÍR SU VOZ, EL AIRE TEMBLÓ.

LOS HOMBRES BLANCOS EXTRAÑARON SU CASA, SU FAMILIA, SU TIERRA Y SE SINTIERON MUY SOLOS.

A CAICOBÉ LA LASTIMABAN LOS TIENTOS DE CUERO QUE CEÑÍAN SUS PIES Y SUS MANOS, PERO NO SE SENTÍA SOLA. ÉSTA ERA SU TIERRA, SU HOGAR, ESTABA ENTRE LOS SUYOS. LAS LLAMAS COMENZABAN A RODEARLA, PERO LA INDIA SIGUIÓ CANTANDO. CUANDO EL FUEGO LA ALCANZÓ, SUS PIES SE CONVIRTIERON EN RAÍCES Y SE ENTERRARON EN LA TIERRA HÚMEDA. EL CUERPO SE VOLVIÓ TRONCO; LOS BRAZOS Y LAS MANOS, VERDES RAMAS.

EN ESE MOMENTO EL SOL ASOMÓ POR EL ESTE. CAICOBÉ HABÍA RENACIDO EN UN ÁRBOL, EL CEIBO. Y TODAS SUS RAMAS SE CUBRIERON DE FLORES ROJAS, ROJAS, DEL COLOR DE SU SANGRE.

Ésta es una versión libre de la leyenda del ceibo inspirada en la tradición charrúa, según la cual Caicobé significa árbol que siente. Entre los guaraníes, el nombre de la india que se convierte en árbol es Anahí.

Aparecen en esta Leyenda...

LOS HOMBRES RELUCIENTES
Eran los conquistadores. Llegaban en barcos, con sus armaduras brillantes. Muchos venían en busca de riquezas, otros querían tierras y esclavos para trabajarlas. Su llegada a América cambió la vida de los aborígenes.

EL ARCABUZ
Se disparaba encendiendo la pólvora del tiro con una mecha. Los españoles tenían muchas armas, más poderosas que las lanzas, boleadoras y flechas de los aborígenes. Por ese motivo, aunque eran menos, resultaba muy difícil vencerlos.

EL FUEGO
Era sagrado y considerado por gran parte de los aborígenes como un regalo de los dioses. Les daba calor, les permitía cocinar los alimentos, y ahuyentaba a los animales que podían atacarlos.

LAS CANCIONES DE LA TRIBU
La música formaba parte de la vida de muchos pueblos americanos. Fabricaban instrumentos de viento, de cuerdas, sonajeros, tambores que hoy forman parte de nuestro folklore.

LA TIERRA Antes de la llegada de los españoles, los aborígenes eran dueños de la tierra.

E L C EIBO

Es un árbol originario de América; pertenece a la familia de las leguminosas.

Las ramas son delgadas y retorcidas como el tronco.

LAS MEDIDAS

El ceibo es un árbol que alcanza entre 6 y 10 metros de altura, y crece con rapidez en las márgenes de los ríos. Donde la vegetación es más densa, puede alcanzar los 25 metros.

Florece en primavera.

El tronco es retorcido, de unos 50 cm de diámetro. La madera es muy liviana.

14

Las hojas son lanceoladas, con el lado inferior de un verde grisáceo, más claro. Caen en otoño.

Su nombre científico es *Erythrina crista-galli*. *Erythrina* en griego significa rojo; *crista-galli*, en latín, es cresta de gallo.

El fruto, en forma de vaina, alcanza unos 15 cm de largo.

Contiene semillas oscuras a veces veteadas.

La corteza, de color gris-ocre, rugosa, tiene surcos muy marcados.

Algunos nombres aborígenes son seibo, iberá-iputezú, zuinandí, bucaré.

Yo escribo ceibo con C.

Yo escribo seibo con S.

Las dos formas son correctas.

Las raíces, muy sólidas, se afirman bien en el suelo, lo que le permite crecer cerca del agua.

15

¿Dónde Vive?

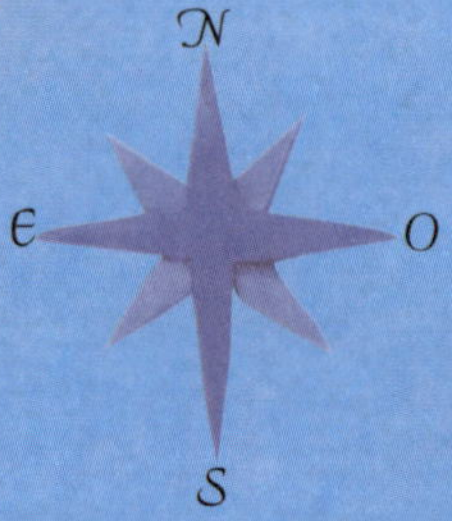

Este árbol crece en ambientes templados y húmedos de América, en Uruguay, Brasil, Bolivia, Paraguay, noroeste del Perú. En la Argentina abunda en Corrientes, Entre Ríos, Misiones, Buenos Aires, Delta del Paraná, Santa Fe, Chaco, Formosa, Salta, Tucumán, Jujuy. En menor cantidad aparece en las orillas de ríos y arroyos de Santiago del Estero.

Qué lugares prefiere

CERCA DEL AGUA

El ceibo silvestre se desarrolla bien en sitios húmedos y cálidos, arroyos y quebradas, lagunas y pajonales. El agua transporta sus semillas, que flotan muy livianas, y por eso nace fácilmente junto a los ríos. Suele cubrirse de enredaderas que trepan por su tronco y de otras plantas como claveles del aire, helechos, orquídeas y hasta cactus.

> El ceibo se cultiva al aire libre en regiones cálidas y templadas de todo el mundo. En regiones frías crece en invernaderos.

¿El ceibo se resfría?

La Flor

Produce mucho néctar, lo que la convierte en la preferida de los picaflores.

La flor del ceibo es solitaria o cuelga en racimos de dos o tres en el extremo de ramitas o en las axilas de las hojas. No tiene perfume.

Los pimpollos son alargados. Cuando se abren, las flores muestran un pétalo más grande, llamado estandarte, y pétalos pequeños que están prácticamente escondidos dentro del cáliz.

Los pétalos son sedosos, rojos y brillantes.

El Ceibo Hoy

Se cultiva para adornar plazas y parques de las ciudades. El rojo intenso de las flores junto al verde oscuro de las hojas le da un aspecto muy atractivo.

Con la madera se fabrican armazones de monturas, aparatos ortopédicos, marcos de colmenas, balsas.

Los isleños del Paraná fabrican boyas para sus líneas y redes de pesca.

La corteza se utiliza en algunas regiones para curtir pieles.

19

Los Charrúas

Habitaban parte de lo que hoy es la República Oriental del Uruguay y una zona de la provincia argentina de Entre Ríos, junto al río Uruguay y el río de la Plata.

CASAS SENCILLAS

Eran toldos o paravientos, con cuatro estacas formando un cuadrado abierto por delante; las paredes eran esteras colgantes de juncos atados entre sí. Los desarmaban cuando cambiaban de territorio. Con el tiempo aprendieron a construir chozas con ramas cubiertas de cueros de vaca o de caballo. Formaban tolderías dirigidas por un cacique.

CÓMO SE VESTÍAN

Cuando hacía frío se cubrían con mantos de pieles con el pelo hacia adentro y la parte de afuera adornada con dibujos geométricos. Cuando hacía calor sólo usaban un delantal de piel o algodón.

UN MENÚ MUY VARIADO

Navegaban en sus canoas por los ríos, pescaban, recogían frutos silvestres y huevos de ñandú para alimentarse. Cazaban venados y ñandúes. Una de sus comidas preferidas eran los brotes tiernos del ceibo.

ARMAS PARA CAZAR Y PELEAR

Las boleadoras, el arco y la flecha, la honda, las lanzas cortas, fueron sus primeras armas. Después de la llegada de los españoles, cuando conocieron el caballo, aprendieron a galopar llevando lanzas largas.

UNA LUCHA DESIGUAL

Resistieron con valor a los conquistadores. Muchos cayeron prisioneros, otros se dedicaron a atacar las poblaciones de los blancos. Desde Buenos Aires, Santa Fe y Montevideo salieron expediciones para combatirlos. El resultado fue la extinción de los charrúas en el siglo XIX.

CHARRÚAS EN PARÍS

En el año 1832 se hizo en París, Francia, una importante exposición internacional. Allí fueron llevados cuatro charrúas prisioneros, y se exihibieron como si se tratara de animales. El cambio de clima y ambiente causó la muerte de estos aborígenes. Este monumento, en la ciudad de Montevideo, Uruguay, los recuerda.

Las Flores Nacionales

El ceibo es la flor nacional de Argentina y de Uruguay.

La flor nacional de Venezuela es una orquídea, llamada Flor de Mayo.

De Bolivia: la flor de la kantuta.

De Nicaragua: la zacuanjoche, llamada también flor palo.

De Paraguay: la flor de mburucuyá.

 Del Folklore

RÍO DE LOS PÁJAROS (FRAGMENTO)

El Uruguay no es un río
Es un cielo azul que viaja,
Pintor de nubes; camino,
Con sabor a mieles ruanas.

Los amores de la costa
Son amores sin destino
Camalotes de esperanza
Que se va llevando el río.

Chuá, chuá
Chuá, ja, ja, ja
No cantes más torcacita,
Que llora sangre el ceibal.

....

Canción de Aníbal Sampayo

Del Pasado

Los aborígenes le encontraron muchos usos al ceibo:

Con la corteza fresca del tronco, machacada y hervida en agua, podían lavar heridas.

Con las flores de color rojo intenso teñían lienzos y lanas.

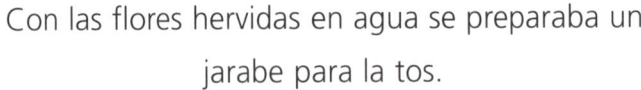

Con las flores hervidas en agua se preparaba un jarabe para la tos.

Los niños chupaban el cabito de las flores porque por allí corre un líquido dulce.

Tejían coronas con las flores para adornar sus cabezas.

Usaban la madera, muy liviana, para hacer tambores.

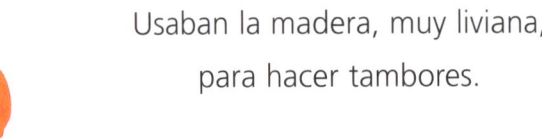

DE OTROS LIBROS

LA VUELTA AL HOGAR
(fragmento)

Todo está como era entonces:
La casa, la calle, el río,
Los árboles con sus hojas
Y las ramas con sus nidos.

Todo está, nada ha cambiado,
El horizonte es el mismo;
Lo que dicen esas brisas
Ya, otras veces, me lo han dicho.

....

Un viejo tronco de ceibo
Me daba sombra y abrigo,
Un ceibo que desgajaron
Los huracanes de estío.

Piadosa, una enredadera
De perfumados racimos
Lo adornaba con sus flores
De pétalos amarillos.

El ceibo estaba orgulloso
Con su brillante atavío.
Era un collar de topacios
Ceñido al cuello de un indio.

Olegario Víctor Andrade

O. V. Andrade, *hijo de padres argentinos, nació en Brasil en 1839. En 1845 llegó con su familia a Gualeguaychú, donde hizo sus estudios primarios. Fue periodista y poeta. Escribió cantos históricos y patrióticos como "El nido de cóndores", dedicado al general San Martín.*
"La vuelta al hogar" y "El consejo maternal" son algunas de sus poesías más íntimas y familiares. Murió en 1882.

EL SEIBO

(fragmento)

Yo tengo mis recuerdos asidos a tus hojas,
Yo te amo como se ama la sombra del hogar,
Risueño compañero del alba de mi vida,
Seibo esplendoroso del regio Paraná.

Rafael Obligado

Rafael Obligado. *Poeta argentino, nació en Buenos Aires en 1851. Murió en Mendoza en 1920. Escribió poesía con temas relacionados con la familia, la historia, el paisaje y leyendas argentinas, como la del payador Santos Vega. Este extenso poema es su obra más importante. "El seibo" pertenece a su libro* Poesías.

El Ceibo en el Arte

Marcos Zimmermann nació en Buenos Aires. Estudió cine y como fotógrafo participó en importantes películas. Algunos de sus trabajos fueron premiados y forman parte de colecciones privadas y públicas de otros países. Su obra integra el patrimonio del Museo Nacional de Bellas Artes. Editó, entre otros libros, *Plantas autóctonas de Argentina*, al que pertenece esta fotografía.

JUGAR A CREAR

- palitos secos
- piolín o hilo zizal
- flores secas
- cola plástica
- una pelotita de telgopor

GUIRNALDAS DE FLORES SECAS

LA FAMILIA DE LOS GRUGRINS SE DESPIDE...

 ÍNDICE

La leyenda del ceibo	5
Aparecen en esta leyenda…	13
El ceibo	14
Dónde vive	16
Qué lugares prefiere	17
La flor	18
El ceibo hoy	19
Los charrúas	20
Las flores nacionales	22
Del folklore	23
Del pasado	24
De otros libros	25
El ceibo en el arte	27
Jugar a crear guirnaldas de flores secas	28

OTROS TÍTULOS DE ESTA COLECCIÓN

- *La leyenda del hornero* / Canela - Marta Prada
- *La leyenda de la yerba mate* / Ana María Shua - Marta Prada
- *La leyenda del algarrobo* / Miguel Ángel Palermo - Marta Prada
- *La leyenda de la ballena* / Ema Wolf - Marta Prada
- *La leyenda de la piedra movediza* / Laura Devetach - Marta Prada
- *La leyenda de la vicuña* / Jorge Accame - Marta Prada
- *La leyenda del picaflor* / Silvia Schujer - Marta Prada
- *La leyenda del Salmón y el Martín Pescador* / Ricardo Mariño - Marta Prada
- *La leyenda del yaguareté* / Canela - Marta Prada
- *La leyenda del cóndor* / Elena Bossi - Marta Prada
- *La leyenda del pingüino* / Nelvy Bustamante - Marta Prada

Esta edición de 3.000 ejemplares se terminó de imprimir en Indugraf S.A., Sánchez de Loria 2251, Bs. As., en el mes de noviembre de 2006.

www.indugraf.com.ar